**Für manche ist es dies,
für andere ist es das**

Andrea-Gudula Fortmann

Für manche ist es dies, für andere ist es das

Mit Illustrationen von
Jan Wengelnik

Complexity-Research Verlag

Für manche ist es dies, für andere ist es das

ISBN 978-3-903291-03-4

1050 Wien, Schönbrunner Str. 32 / 20, www.complexity-research.com

Umschlaggestaltung: Sofie Strunk
Druck: Books on Demand GmbH, D-22848 Norderstedt, In de Tarpen 42

Vorwort

Dieses Buch entstand als Antwort auf die Frage, was Inklusion bedeutet.

Ein großer Dank für inspirierende Anmerkungen und Gespräche geht an das gesamte Team der Lebenshilfe Gladbeck insbesondere an Frank Buers und Bettina Grabosch.

Ein besonderer Dank geht an eine der Lebenshilfe verbundene Familie, für die tiefen und bewegenden Einblicke in ihr Leben mit einem ganz besonderen Menschen.

Inhaltsverzeichnis

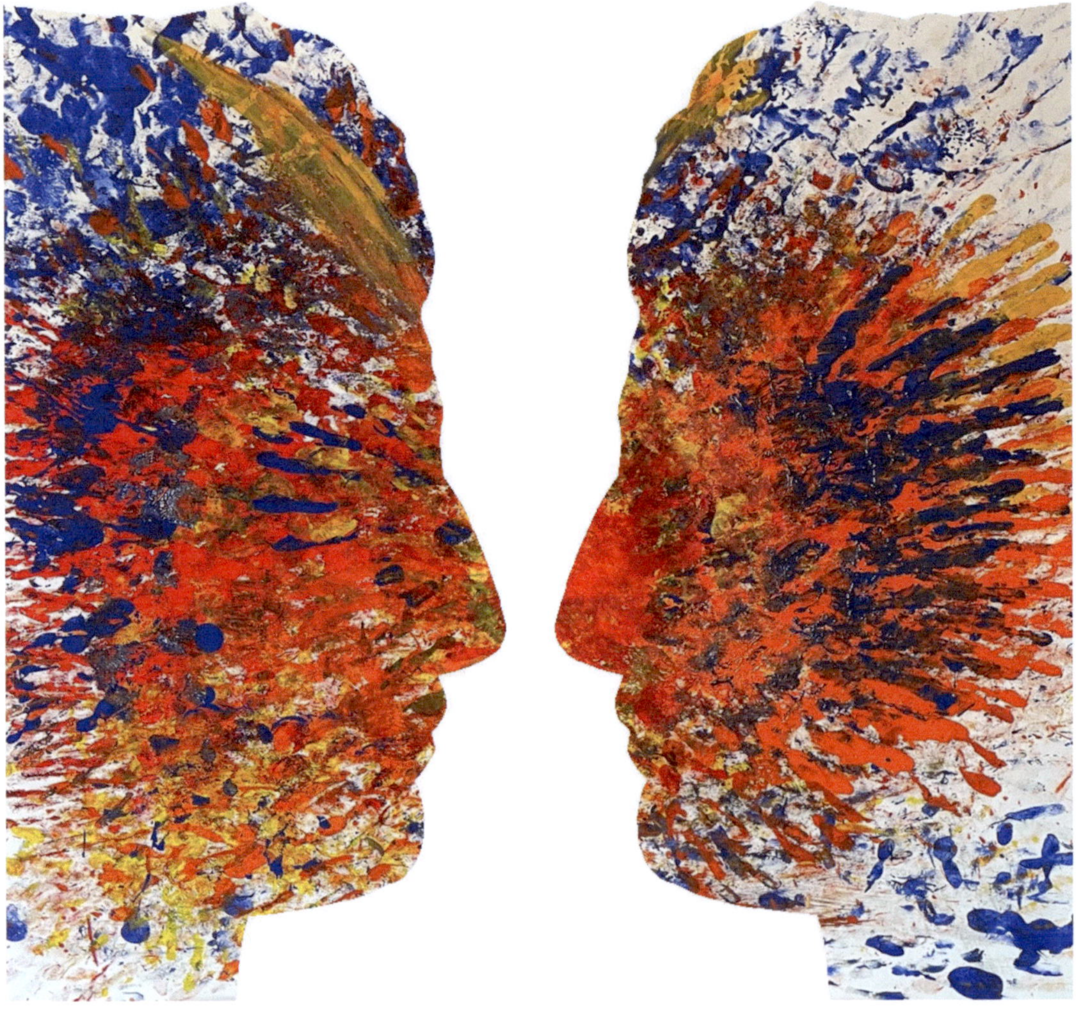

Menschlich

Mit der Frage nach dem Besonderen des Menschen, haben sich schon sehr viele Professionen beschäftigt.

Die einen sehen im Menschen die besondere Schöpfung durch ein höheres Wesen. Andere sehen den Menschen als Zwischenergebnis einer sehr langen Entwicklung.

Schaut man jedoch weniger auf den Ursprung des Menschen, sondern eher darauf, was typisch menschlich ist, finden sich viele Antworten im Bereich der Philosophie.

Zentral sind hier die Merkmale des Selbstbewusstseins, die Menschenwürde, die Freiheit des Geistes und die Fähigkeit sich gut verhalten zu können.

Der Mensch kann sich und sein Tun selbst hinterfragen.

Der Mensch ist frei im Denken.

Der Mensch kann sich nach Prinzipien und Überzeugungen gut verhalten.[1]

Fragt man eine KI (künstliche Intelligenz) danach, ob es für uns Menschen eine richtige Art zu leben gibt, erhält man folgende Antwort:

„Ein richtiges Leben ist eine Suche. Es geht darum, nach wertvollen Zielen zu suchen, die dich über dich hinauswachsen lassen. Eine Kernidee ist hier das Erbauen, das Erschaffen von etwas, das es noch nicht gegeben hat. Mehr zu werden, als du selbst warst."[2]

---

[1] Vergleiche Aristoteles: Die Nikomachische Ethik. Aus dem Griechischen und mit einer Einführung und Erläuterungen versehen von Olof Gigon. 5. Auflage. dtv, München 1998, S. 141.

[2] Ian S. Thomas, Jasmine Wang, GPT-3: Was euch zu Menschen macht. Antworten einer künstlichen Intelligenz auf die großen Fragen des Lebens. Diederichs Verlag, München 2022, S. 78.

Mensch sein dürfen, was heißt das eigentlich?

Manche sagen, nach Werten und Überzeugungen zu leben.

Andere meinen, lieben zu dürfen, wen man will und an das zu glauben, was man will.

Wieder andere setzen Mensch sein mit Freiheit und Entfaltung gleich. Mensch sein ist Individualität…

Sich sehen, dabei sein und dennoch man selbst sein zu dürfen, jeder von uns in jedem Augenblick überall auf dieser Welt.

Mensch sein ist das Gefühl dazuzugehören, ein kleiner Teil von etwas Großem zu sein.

Aber heißt Mensch sein dürfen nur das?

Was ist mit den Menschen, die nicht ohne Hilfe ihren Alltag leben können, die sich uns nur begrenzt mitteilen können, welche Ziele sie haben, was sie darunter verstehen Mensch sein zu dürfen und wann sie sich sicher, dazugehörig und frei fühlen?

Was bedeutet es für sie, Mensch sein zu dürfen?

Eine kleine Geschichte

Ich schaue in den unendlichen Himmel zur Sonne empor. Genieße die Ruhe und die Wärme, höre das Singen der Vögel. Aber am lebendigsten fühle ich mich, wenn ich liebe Menschen um mich habe. Ich liebe es, ihnen nahe zu sein, sie zu berühren und ihren Duft in mich aufzunehmen. Dann fühle ich mich wohl und ich lache vor Freude.

Wenn mir Menschen zu viel werden, schiebe ich sie weg und werde unruhig. Dann verspannt sich mein Gesicht und mein Körper. Oft gestikuliere ich dann vor allem mit den Armen. So verschaffe ich mir den Freiraum, den ich benötige. Ich darf das und ich kann das und das tut mir gut.

Ich genieße es, mit meinem lieben Vater im Beiwagen seines Motorrades mitzufahren. Wenn die Bäume und Häuser an uns vorbeifliegen, fühle ich mich frei und entspannt. Manchmal schaue ich meine lieben Menschen lange an, halte sie fest und möchte sie oft gar nicht mehr loslassen. Ich darf das und ich kann das und das tut mir gut.

Ob Patrick so empfindet, ist nicht sicher. Die einzige Orientierung gibt uns das intuitive Gefühl, dass Patrick sich wohl fühlt, basierend auf Erzählungen von engen Familienangehörigen.

Menschen mit Behinderungen zu begleiten, ist häufig nicht leicht. Aber oft ist diese Begleitung auch ein Geschenk. Sie führt zu tiefgreifenden Erfahrungen und nicht selten zu lebensverändernden Motivationen.

Wenn die verbale Sprache wegfällt, ist man auf andere Ebenen des Seins zurückgeworfen. Diese Ebenen enthalten einen Schlüssel, den man erst finden muss, um sich selbst zu öffnen für eine andere Dimension mit berührenden und bedeutenden Erkenntnissen.

Nicht selten motiviert es junge begleitende Personen ihren beruflichen Lebensweg an diesen Erfahrungen zu orientieren.

Manche glauben, dass man irgendwie *sein muss*, um dazuzugehören. Das ist falsch!

Es ist normal, verschieden zu sein.[3]

Manche Menschen können gut laufen, andere nicht.

Manche Menschen können gut denken, andere nicht.

Manche Menschen können gut Empfindungen wahrnehmen, andere nicht.

Es ist normal, unterschiedlich zu fühlen und zu denken.

Es ist normal, Dinge unterschiedlich zu betrachten.

Es ist normal, unterschiedliche Lebensentwürfe zu haben.

Es ist normal, nur Mensch zu sein.

---

[3] Ansprache von Bundespräsident Richard von Weizsäcker bei der Eröffnungsveranstaltung der Tagung der Bundesarbeitsgemeinschaft Hilfe für Behinderte. 1. Juli 1993 in Bonn.

Einfach nur Mensch zu sein, ist nicht immer einfach

Menschen werden oft nicht gleichwertig behandelt.
Immer wieder finden sich Barrieren und Hürden.

Unterschiedlichkeit wird oft mit Minderwertigkeit verwechselt und Individualität mit nicht normal sein.

Hilfe und Unterstützung sind nicht das Gleiche wie Menschenachtung.
Menschenachtung ist ein fundamentales Prinzip.

Menschen, trotz aller Unterschiedlichkeit mit Würde zu behandeln, ist eine moralische und rechtliche Verpflichtung.

Lebenshilfe Gladbeck

Menschen träumen von einem guten Leben, schon immer, solange wir zurückdenken können.

Menschen kämpfen dafür. Manchmal allein, manchmal gemeinsam.

Wo viele Menschen ähnliche Träume haben, kann Wunderbares entstehen. Dort werden Ideen geboren, die die gefühlte Welt verändern. Dort entsteht prickelnde Lebendigkeit, spürbar für jeden, der Altes loslassen, Neues zulassen und überflüssige Grenzen überschreiten kann.

Manchmal sind die Wege holprig, die Barrieren hoch und die Möglichkeiten individueller Selbstbestimmung oft nicht hinreichend.

Der Mut, Besonderes zu wagen, die Motivation, Gutes zu entwickeln und der Wille, nicht aufzugeben, beschreiben die Lebenshilfe Gladbeck am besten.

Seit 1964 widmet sich die Lebenshilfe Gladbeck Menschen mit Behinderungen, ihren Bedürfnissen und Zielen.

Die Lebenshilfe sucht nach individuellen Lösungen für unterschiedliche Menschen mit vielfältigen Wünschen.

Philosophie, Ethik und Leitlinien der Lebenshilfe

Das Besondere im Blick.

Besondere Ideen für besondere und einfache Ziele.

Besondere Lösungen für besondere Menschen.

Besondere Menschen engagieren sich für besondere Aufgaben.

Die Achtung der Würde jedes Menschen als natürliches und einfaches Prinzip.

Welche Lösung also für welchen Menschen?

Individuell und dennoch professionell.

Für manche ist es dies, für andere ist es das.

Für die Lebenshilfe Gladbeck ist es all das.

Der gespannte Rahmen

Manche Menschen haben große Ziele, andere kleine.

Manche Menschen brauchen einen Rahmen, um ihre Ziele zu verwirklichen, andere benötigen Räume.

Alle Menschen benötigen das Vertrauen, dass sie ankommen dürfen, wo immer das auch sein mag.

Alle Menschen möchten Einfluss auf ihr Leben nehmen, in welcher Form auch immer.

Alle Menschen sollen erleben, dass sich Dinge und Situationen ändern können, wenn man etwas tut.

Alle Menschen sollen erleben, dass man Ziele erreichen darf und kann.

Alle Menschen möchten mit ihren individuellen Wünschen wahrgenommen werden.

Alle Menschen sollen zu allem Zugang haben, auch wenn sie nicht überall dabei sein möchten.

Eine Gesellschaft, die Individualität und Selbstbestimmung ausschließt, ist nicht gerecht.

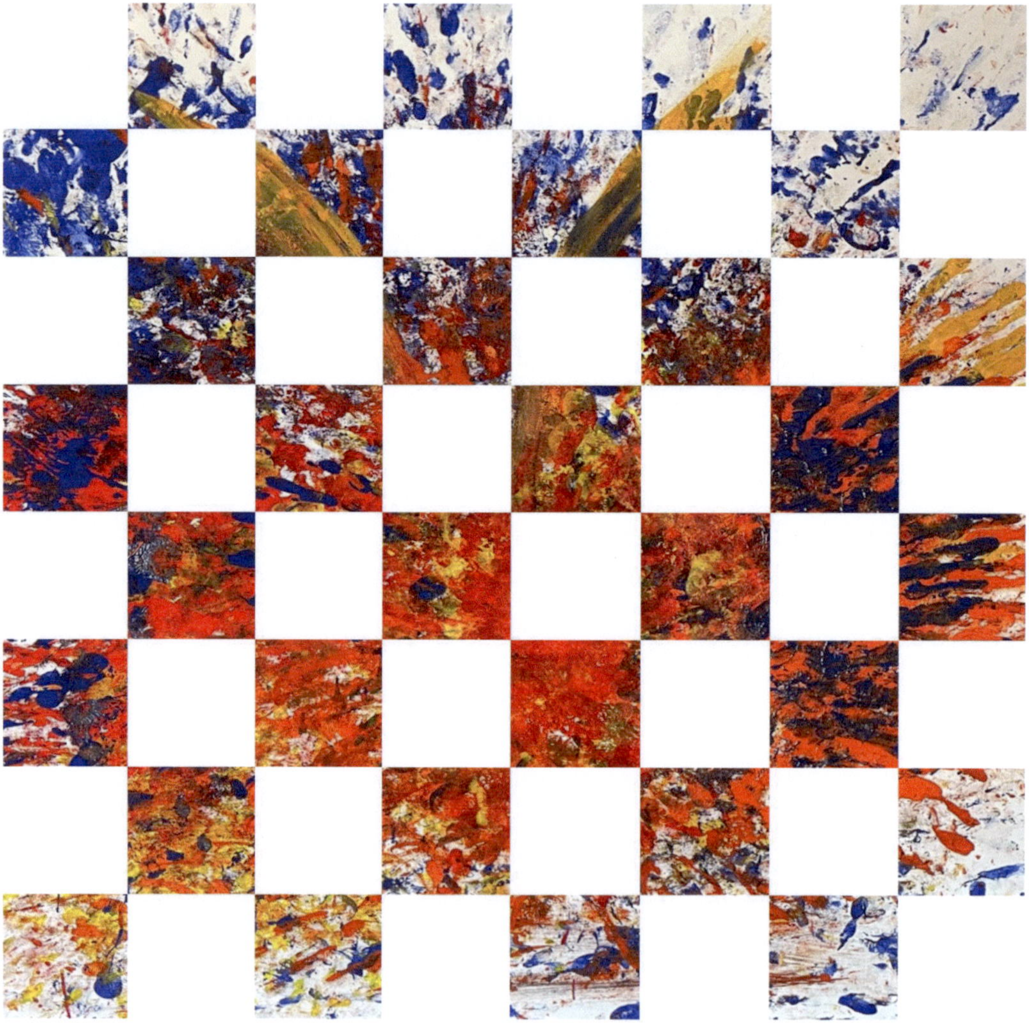

Welche Wünsche und Ziele habt Ihr?

Für manche ist es dies, für andere ist es das.

Für die Lebenshilfe Gladbeck ist es all das.

Die Erlebnisräume der Lebenshilfe

Mit der Lebenshilfe kann man seine Freizeit gestalten.

Mit ihr kann man aber auch neue Angebote schaffen.

Mit der Lebenshilfe kann man seinen häuslichen Alltag gestalten.

Die Lebenshilfe unterstützt bei individuellen Wünschen und Zielen.

Die Mitwirkenden der Lebenshilfe kann man alles fragen. Sie stehen für Inklusion und informieren und beraten zu allen Themen.

Die Lebenshilfe ist offen für kniffelige Herausforderungen. Sie steht für kreative und innovative Lösungen.

Die Lebenshilfe ist für alle da und lässt Euch nicht allein.

Die Lebenshilfe ist mit unterwegs, im Schulalltag, auf der Arbeit oder im Kino.

Mensch bleiben

Irgendwann sollte es keine Rolle mehr spielen, ob man eine Behinderung hat oder nicht.

Irgendwann muss es egal sein, wie wir uns bewegen, an was wir glauben und wie wir aussehen.

Irgendwann wird es normal sein, dass Mensch sein und Mensch bleiben keine Frage von überprüfbaren Kriterien ist.

Irgendwann müssen alle verstehen, dass es nicht darum geht, in eine Gesellschaft zu passen, sondern gemeinschaftlich in ihr zu leben – dann, erst dann, braucht es keine Inklusion mehr.

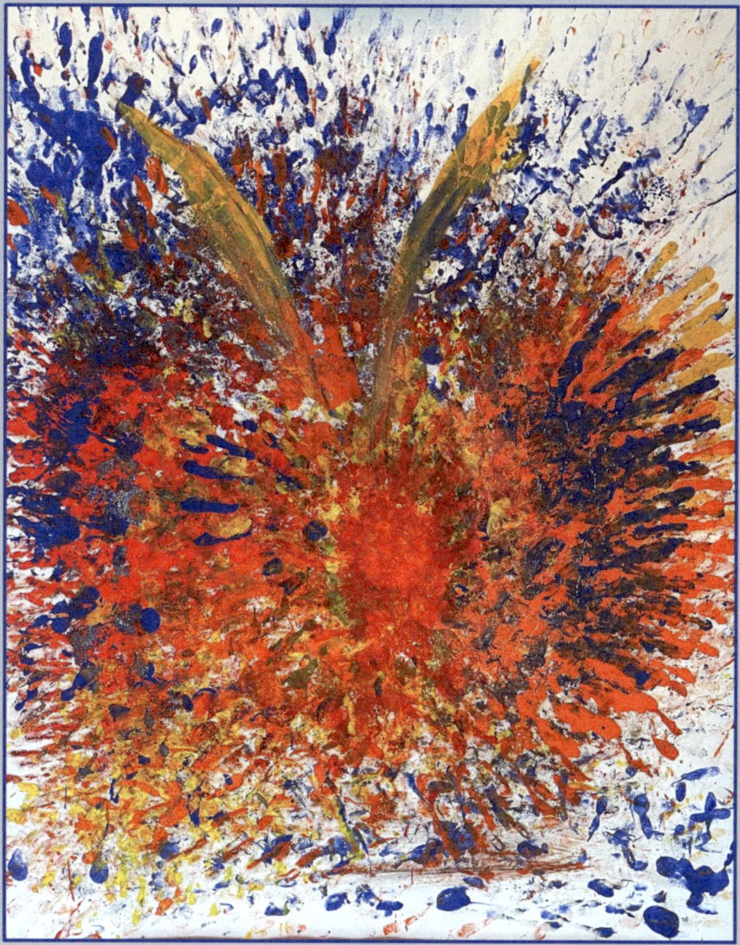